每一種告別都不容易，每一個告別都珍貴，
一次次的擁抱與放手，串起了我們的人生……。

目錄
Contents

Part **1** 告別練習曲，帶自己找到幸福前路

因為成長面臨的離家、搬遷、換工作等，練習揮別過往，開啟自我理解的旅程，踏上追求幸福的起點。

Part **2** 揮別愛情，總讓人清醒著流淚

離開一段感情時，看見曾經的勇敢，讓轉身，成為更好的自己。

Part 3 從牽掛到祝福，引領一段新的啟航

但總會有另一個出口，帶我們找回生命自己的解答，
不執著過去，珍惜有所依託的未來。

告別生死

在悲傷的幽谷中，點燃一點星光

　　身而為人，無法避免的就是失去，我們的成長、關係的改變、環境的轉換和不同的生命階段，都要面對這樣的議題。

　　這份失去，有的時候會在我們的心裡劃下深深的傷痕，有的時候也讓我們得以學習與成長，經驗到愛不同的可能性，是可以跨越時間、空間，和年齡與身分，帶來治癒與蛻變後新的自己。

╳ 溫柔細膩的承接者，陪伴面對死亡的黑洞與恐懼

　　認識惠芳，是因為安寧照顧基金會一起帶安寧臨床工作者的靈性課程開始。

　　我們也一起帶過康泰基金會的兒童哀傷撫慰種子訓練班，和兒童癌症基金會失去孩子的哀傷父母工作坊。

惠芳是一位社工師，也是一位諮商心理師，她沒有任何宗教信仰，卻是一位溫柔細膩的承接者，那份愛與溫暖，總是能在人們面對失落和分離時，感受到一張有如溫暖毛線編織的大大安全網，讓你的淚水、撕裂、痛楚，能輕輕柔柔地被安撫、被理解、被安穩包圍著。

　　我其實不明白，沒有一位深愛她的上天一直澆灌著那無條件的愛給她，她怎麼能有這樣源源不絕、細膩的包容與愛，而且對於死亡和分離能有著自在與從容，穩穩地牽著她陪伴的人們走過面對死亡的黑洞與恐懼？

　　我想，惠芳是天生喜歡人的，她喜歡聆聽每個人獨特的生命故事，欣賞著，並且讓他們能看見自己生命的亮點和豐盛！

✖ 哀傷陪伴，用心感受和貼近受苦人的心

知道惠芳要寫關於失落和哀傷的書，我特別為她感到開心，畢竟這也是我們一起致力的領域。

雖然知道她的文字總是深入淺出，優美又扣人心弦，但真的捧起她這本書拜讀時，又是另一種震撼的觸動。

惠芳選擇用故事和插畫，而不用說理的方式來教人們如何陪伴一位傷心人。是的，哀傷陪伴不只是說理，更是用心去感受和貼近受苦人的心，用創意搭起愛的橋樑。

你可以在每一則故事裡面，每一則故事的畫面感裡，除了看見悲傷不捨，更多地看見那關係間深刻的連結和愛。她的文字和插圖，讓我在閱讀時也不禁潸然淚下，這個眼淚，不只是面對類似失落情境時，心有戚戚焉的共鳴，也是看到在面對道別時那難以表達的、停滯糾結的情感與愛，如何在惠芳的引導下，自然而不造作地流動著，讓人們在告別的場景，不再只有眼淚與悲傷；又或者說，那眼淚裡面還存在著暖意，存在著深刻的愛與滿滿的祝福。

我深信這本書，會讓人們在面臨失落和分離時，不再只感受到沉重與感傷，抗拒與害怕，會自然地發現失落就是每個生命的一部分，也在字裡行間自然而然地發現，每一個關係之間深刻的連結與愛，也更能貼近傷心人的感受，並看見身為陪伴者如何在悲傷的幽谷中，點燃一點星光。

這是一本帶來安慰的書，願捧起這本書的人，都能因之而感受經歷的悲傷背後深刻而永恆的愛！

財團法人康泰醫療教育基金會全人關懷師
陳怡如

推薦序二

森羅萬象都在說法

　　拜讀完惠芳老師《每一個告別都珍貴》的初稿，隨著每個告別的故事，那種在告別時悵然落寞的感覺油然而生。

✗ 當別離到來，有愛才得圓滿

　　回頭審視閱讀的心境，每一章節都沉浸在文章描述生命階段的跌宕起伏，而讓我差點忽略了背後潛藏的意義。

　　「愛・別離」在佛教的說法，是人世間 8 種苦難之一，〈她是我心頭的一塊肉啊〉描述著白髮人送黑髮人的揪心。陪伴者惠芳老師善巧的引導，奶奶把全然的愛注入告別；當那句「阿英，妳放心走吧！」那種放捨的決斷，讓女兒無憾地離開人世。別離的到來，有愛的元素才得圓滿。

✗ 陪伴者就像一座橋，引渡彼此的重要時光

　　曾有一次到醫院助念，8 小時結束後，聽到身旁有人

一直啜泣抱怨著：「真不夠意思，怎麼才出去辦點事，你就走了，連最後一面也不讓見，好狠的心啊……。」

聽著那位太太的訴苦，才知道為了先生的病，放下自己經營的事業，在醫院寸步不離地照料 30 多天。

「哪知，今天有要本人親自辦理的事，非得外出一趟不可，怎麼就在這個時間離開了，很不甘心啊！」

於是，當下的我安慰她：「因為先生在乎妳、愛妳，所以為了避免告別時刻，彼此過度傷心，就趁著妳不在醫院的時候，走了。」

由此可以看出，太太於死亡時刻不在身邊陪伴時，內心的愧疚感而引發情緒的產生。

書中及案例，顯示出親人或陪伴者，於善終的來臨佔有極重要的份量。宛如惠芳老師詮釋著陪伴者就像是一座橋，用安靜的傾聽，讓當事人放心地停留在某個對他而言的重要時光裡……。

社團法人臺北市觀音線心理暨社會關懷協會理事長

鄭文烈

專家推薦語

　　我是一名血液腫瘤科醫師，常常看見癌末病患及家屬歷經「告別生死」這件事，雖然我們總說要放下，但醫病之間有著正向的情感交流，當面對死亡來臨時，我的內心也是會難過，感到捨不得……。所以每一個不同階段的告別，都是對自己的淬鍊，不用逃避，唯有勇敢面對，定能轉念為成長的動力，期待未來更完善。

　　本書主題相當貼近一個人的成長過程，從小孩至成人，再到老年人，每一個告別背後都有一段曲折且動人的故事。

　　有幸受邀擔任推薦人，拜讀《每一個告別都珍貴》之後，真的覺得值得好好推薦這本好書，希望與讀者一起珍惜回憶，轉念成長。

台灣癌症安寧緩和醫學會秘書長

陳佳宏

專家推薦語

　　告別是每個人都必須面對的生命課題，並非與生俱來的能力，我們不是一出生就知道該如何面對告別，與所愛的人事物說再見是一件令人難受，且十分不易的事情，面對走在幽谷的個案，如何陪伴他們經歷失落與哀傷，且有機會及時間好好道別，讓苦難與哀傷得以被看見且有出口。

　　惠芳有社工師及諮商心理師的背景，她幫助許多哀傷的家屬，走進他們的世界，貼近的照護方式，陪伴在生命幽暗處的家屬，用溫暖而細膩的筆觸，蒸融了告別時的傷痛，讓他們看見雖處於低谷，但仍可以透出生命的希望與亮光。

大德安寧療護發展基金會安寧緩和護理教育師

劉曉菁

自序

每一個告別都珍貴

　　在我生命歷程裡，最傷痛的一次告別，是我申請到國外的工作，正準備出國的前一晚，住院中的祖母突然病情惡化，家人在半夜接到醫院的電話，告知祖母轉入加護病房。

　　隔天上午的探病時間，全家心急如焚地想進入加護病房探視祖母，但因為我下午就得出發去機場，所以，大家把珍貴的半小時探病時間，全都給了我。

　　那半小時裡，我有離別的悲傷、擔心、不捨及是否放棄出國的掙扎。

　　25 歲的我，獨自走進加護病房裡，經驗著與祖母生離的告別。當時以為自己夠堅強，如今回頭看見那時的形單影隻裡，還有著自己的慌亂及無助……。

✄ 生離的告別，已然轉變為死別的傷慟

出國不到一個月，台灣發生 921 大地震，在網路還不是很發達的年代，我在國外透過有限的資訊得知台灣嚴重的災情，卻一連幾天聯絡不到家人，那種面對死別的恐懼感不斷襲擊著隻身在國外的我。

後來家人都平安，但祖母卻在 921 之後的一個月往生了。

出國前，那半小時生離的告別，已然轉變為死別的傷慟。遺憾、自責、無盡的懊悔，也糾結在「如果可以重來……」的心情許久，想像用不同的方式跟祖母告別。

回國後，在安寧病房從事臨終照顧的過程裡，「告別」往往成為讓「生者心安、死者靈安」的橋樑。

我們協助病人與家屬間完成「四道人生」——道別、道愛、道謝及道歉，而我自己也經常深深的被當中真實情感的交流感動著，並見證他們生命經驗裡每一次的失落而後的蛻變，讚嘆在他們身上展現不斷遞嬗的韌力。

因為工作的關係，我更有機會看見隱藏在擾嚷的生活

之外，每個人都有機會面臨生老病死的人生課題。

一如因看見很多家庭在面對家中長輩突然病倒的慌亂，而書寫《當父母老後》一書，希望能透過文字讓更多家庭及早瞭解關注家庭隨著父母年老，所產生的種種照顧議題，以避免突如其來的措手不及。

而後《跟自己作伴》一書，則是看見隨著家庭型態轉變，在獨身的年代裡，需要為自己找到定位，因此希望透過書中的引導，協助處在某個「困住」時刻，渴望找到一個出口的人，開啟自我的對話。

✂ 不同人生階段的告別，感受眼淚裡的溫度

這次選擇「告別」作為書寫的主題，最初的想法是希望經由這本書，讓大家對臨終告別的時刻有更多的瞭解，透過「告別」的對話，來陪伴處於預期性哀傷的家屬，並進而協助他們後續哀傷調適的歷程。

讓「告別」不僅侷限在四道人生的表面字義，而是可以視當下的情境，引導出背後糾葛的愛恨情仇，感受眼淚裡的溫度。

在寫作的過程中，逐漸思考到「告別」這件事，應不單單只侷限在臨終的死別，生命裡有很多的時刻，我們都在經驗失落，學習如何告別。

因此，如何能推廣給更多的族群，貼近他們的生活經驗，引發共鳴，便產生另一個面向的考量，也試著讓這本書融入不同人生階段的告別。

有些告別的議題，對現在的我而言，感覺已有些距離，但往往為了能更貼近那種告別的心情及掙扎，短短的一篇故事修改了無數次，甚至整個刪除重寫，這和以往直接傳達概念的寫作方式相較，也是很不同的嘗試。

✕ 道別的同時，蘊含著深刻的愛

這本書是以敘述故事人物對話的方式呈現 15 個人生經驗裡的各種告別，例如分手、結婚、工作轉換、搬家，乃至臨終及畢業照顧者等的心情，都是以短篇的故事手法書寫。

故事的人物及場景來自過往種種經驗的整合，大部分的故事是為了傳達某種告別的意涵，而進行創作編寫，即

便是運用臨床遇過的某些情節，也都在細節上有所更動，以避免觸及隱私。

書中特別針對大家比較陌生的臨終告別部分，用不同的關係主題來呈現，包括：夫妻、親子、白髮送黑髮、自我生命回顧及寵物等的告別，讓大家能更深入的看見四道人生裡的道別、道愛、道謝、道歉，並不是各個獨立，壁壘分明。

而是在道別的同時，蘊含著深刻的愛，才能有勇氣支持一個訣別；在道謝的同時，也是在傳達心中的不捨；而面對道歉則來自於自我的省思，彌補了生命裡的缺憾。

✄ 大時代的告別，夾雜著新奇與不安

我盡力地用簡單的對話描述，來傳達每個故事人物心裡的百轉千迴，好希望自己的文筆能更流暢，以便讓大家能知道在面對失落時，如何珍惜那個脆弱的自己。

但畢竟是利用工作之餘，抓著時間完成的，也不是專業的作家，難免擔心有辭不達意的遺憾，這部分只好當成是閱讀中的想像空間，讓讀者用自己的經驗再去填補了。

在動筆書寫的同時，台灣也走過 COVID-19 的疫情，3 年來一波又一波的防疫政策，讓在醫院工作的我，生活幾乎就圈在醫院裡。

好不容易解封了，醫院評鑑緊接著到來，之前為了防疫而擱置的一些業務，也如火如荼地重新開啟。

疫情期間，看似靜止的世界，原來隱匿著大大的變動，在疫情結束後，**翻轉**著舊有的思維與習慣。尤其近期 AI 的風潮幾乎襲捲著生活裡各個層面，顛覆了大家的思維及認知。

科技時代的來臨，改變的是生活的節奏及習慣，但不變的是面對種種「景物依舊，人事已非」的情緒感受，一種屬於大時代的告別，夾雜著新奇與不安。同樣的情緒經驗，也像是書中「離家日」那種大步邁向未來的感覺。

✕ 用再一次的告別，見證自己的勇敢

不同於過去用文字敘述的方式呈現，這本書除了是以短篇故事來呈現不同的告別議題之外，還由舒叡幫每篇故事都畫上插圖。

在整個過程中，她帶給我不同的視角來感受自己的創作，尤其她屬於年輕的世代，但內心卻蘊藏著老靈魂般的成熟。

叡叡的畫作傳達了真誠及溫暖的情感，在閱讀的同時，讓人彷彿帶著故事走入畫作裡，深刻感受著當中變換更迭的情感，帶來不同的閱讀體驗。

這本書的完成，也帶我重新整理自己很多的失落經驗。當時的百轉千迴，走過告別後，再看如今的雲淡風輕。

生命回顧的整理，不該只在臨終的階段進行，當我們面對過往某一個脆弱時期的自己，看見那個沒辦法完成的告別，是如何讓我們的心隱隱作痛時，試著體會書中的故事及插圖，用再一次的告別來見證自己的勇敢，陪著自己走出孤寂，這便是這本書希望帶出的感受。

♭

感謝「博思智庫」蕭社長一路以來給予我寫作的空間及支持，還有出版社同仁的全力支持，為了配合我而壓縮他們的作業時間。

也感謝叡叡犧牲不少自己唸書的時間，創作溫馨的插圖。她曾問我：「期待有多少人看這本書？」老實說，我也不知道。

　　不過，如同以往寫書的心情，我總覺得，當未來的某個時候，有人因為書中的某一段話而感動，找到一份溫柔的支持，甚至因而在困頓裡豁然開朗，那便是我們的初衷。

　　希望這樣的心意，陪著讀者，在告別的時刻裡，找到自己的珍寶，然後繼續前行。

告別練習曲，
帶自己找到幸福前路

第一次覺得自己長大了，準備獨當一面展翅高
飛，那是令人雀躍的心情。因為成長面臨的離
家、搬遷、換工作等，練習揮別過往，開啟自
我理解的旅程，踏上追求幸福的起點。

01　離家日

> 年少青澀的靈魂，渴望遠方的風景，
> 背脊上長出一雙告別的翅膀。

　　當年少青澀的靈魂，渴望遠方的風景，於是背脊上長出一雙告別的翅膀，推動自己飛翔的勇氣。

　　第一次覺得自己長大了，準備獨當一面展翅高飛，那是令人雀躍的心情。

　　為了這個夢想的啟程，小穎和同學興奮地討論著，她渴望被當成一個真正的大人看待，想像那種可以自己決定幾點回家，想像有「室友」的情形，也想像著夢幻般的大學生活。青春，蓄勢待發。

夢想的啟程，
想像著夢幻般的大學生活。
青春，蓄勢待發。

「我媽幫我帶了棉被」、「要自己帶吹風機喔」、「妳們有說多久要回家一次嗎？」

　　同學群組的對話裡，妳一言我一語的，好不熱鬧，大家的心情都在期待著「離家」。

　　「運動鞋、睡衣，都要記得帶。」小穎的媽叨唸著。

　　「媽，波妞不喜歡走巷子那條路哦！」這頭小穎則是在叮嚀著媽媽，要幫她把毛小孩波妞照顧好，連帶地散步的路線圖都畫好，壓在餐桌墊下。

　　「小穎，媽媽跟妳說，三餐記得吃，還有水果也要吃，知道嗎！」媽媽這些話都不知道重複幾次了。

　　「哎喲，知道啦——」小穎心想，吃飯這事不就餓了就吃，媽也真的太愛操心了。

　　「想家的時候就視訊一下，知道嗎！」媽媽再度叮嚀。

因為求學而離家，
不是背叛或遺棄。

「好！」小穎心裡則想著這種心情自己應該是不會有吧！

因為求學而離家，不是背叛或遺棄，其實內心一直清楚，這樣的離家距離並不遙遠。

♉

展翅的日子終於來臨，離家的時候，小穎最依依不捨的，就是波妞了，其他的感覺就只有對未來的興奮及期盼。

「波妞，姐姐不在家，妳要乖哦！姐姐很快會回來看妳。」

雖然離家是孩子成長到某一階段，自然需要離開父母的窩，是追求獨立的必經旅程，只是「開始想家」的心情，比小穎原先認為的要早太多了。

經過幾天興奮期後，小穎對新環境的那份雀躍不見了，近期搬家的疲憊及新室友間客氣寒暄的陌生，突然察覺少了媽媽的叮唸聲，也少了波妞在身旁的竄動，生活竟顯得既冷淡又寡趣。

這讓小穎躺在床上翻來覆去，了無睡意，不自覺地拉起棉被悶著頭，一股說不出的寂寥從心底湧上。

　　此時，耳邊竟傳來室友的啜泣聲，小穎也被感染而不自覺紅了眼眶。

　　∽

　　以前也不是沒有外出旅遊過，但現在確確實實、不再容易聽見媽媽的叮唸了，第一次覺得想罵罵之前那個不懂事的自己，如今竟會懷念從前有點嫌煩卻又甜蜜的日子。

　　那個想擺脫家裡、放飛自我的小穎，那個自認要過瀟灑生活的她，已然噤聲。

　　終於，小穎在紛雜的思緒中恍忽入睡，不安穩地作了七零八落的夢。

　　這星期過得特別長，小穎數著再過三天就可以回家了，晚上和媽媽視訊時，小穎撒嬌央求媽媽，讓她把這週換洗的髒衣服帶回去洗。

鳳梨苦瓜雞湯，
酸甜回甘的滋味，
像極了離家的心情。

　　「媽，妳那個小魚干炒花生要裝一瓶讓我帶來哦！還
有水果就買蘋果就好了……。」人還沒回家，小穎卻早交
代好媽媽要幫自己準備的東西。

　　「天氣漸涼冷了，這次回來記得多帶幾件毛衣，外
套、圍巾也要帶著，都幫妳整理好了。」媽媽交代著，要
是以往，小穎一定會嫌棄地說她太囉嗦，但視訊中的小穎
卻是笑著說：「好呦！那麼多東西，那叫爸爸開車載我回
宿舍，好不好？」耍耍無賴的招數，小穎已經很熟悉了。

「妳自己去跟爸爸說，我才不管妳。」媽媽沒好氣的回話，維持一貫對小穎的沒輒。

♏

校園的風輕輕地吹著，小穎騎著微笑單車，趕著去上課，心裡想著，過了今天，明天，就可以回家了，好希望時間走快一點！

突然覺得自己除了波妞之外，也想爸爸，也想媽媽，還有餐桌上媽媽拿手的菜。

小穎腦海裡提醒自己，晚上視訊時要記得再提醒媽媽，別忘了要燉一鍋鳳梨苦瓜雞湯，酸甜回甘的滋味，熱熱的入口，暖到心裡，就是這道菜，像極了她離家的心情。

　　無論是求學或進入社會的新鮮人，離家獨立生活是一個很特別的經驗，也是人生階段轉換的指標。

　　開始面對的挑戰包括：自我生活管理、人際互動、時間安排、生活費用的盤算，乃至未來生涯的規劃等等，都會是新的考驗。外界也會開始用成人的眼光來對待，難免令人緊張且有不少壓力。「家」的意義成了這階段各項轉換中對比的匯集。

　　用「離家」來看見「在此之前」與「自此之後」的心情整理，分離與依附間的拉扯便成為這個階段的適應議題，當中的分離告別夾雜著新奇與不安，不是背棄，而是帶著探索的成長。

02 想我打工的那些日子

> 告別打工，穿上西裝的那一刻，
> 是初生之犢的無懼，
> 以及面對未來不服輸的倔強。

終於告別打工的日子。

選擇「房仲」當成自己第一份正式的職業，或許和他心裡一直渴望能有一個真正的「家」有關。

穿上西裝的那一刻，阿倫心中翻湧的思緒，激動但沉著，眼神中透露的是初生之犢不畏虎的無懼，以及面對未來不服輸的倔強，心中有個聲音一直在宣示：即便世界遺棄了他，但他就是想靠自己拚出個天地！

db

「倫倫，來看阿公啦！今天穿這麼帥！」除了阿公之外，安養中心的玉英阿姨是他心中假想的「親人」。

從國小起，阿倫就是隔代教養，雖然名義上家裡有爸爸和爺爺，但當軍人的爸爸經常不在，就剩爺孫兩人在生活中找到簡單的快樂。

爺爺是阿倫心中的英雄，曾經當過警察，偶爾會跟阿倫講述當年值勤時，如何與嫌犯在追逐中制伏對方的驚險過程。

阿倫超愛聽爺爺一遍又一遍的描述，即便情節幾乎可以倒背如流了，但小時候的阿倫最愛望著爺爺挺拔的身材，生動地邊講邊演示是如何迅捷俐落地追捕罪犯。阿倫每每談到爺爺時，總不忘追加一句：「我爺爺很帥的！」

高中時，爸爸退伍了，拿著退伍金和朋友合夥做生意，結果生意失敗，為了躲債，開始了跑路的日子，連手機號碼也一直更換，更別提每個月定期給的家用。

每當有人問起父親，阿倫只能無奈回一句：「他是神

即便世界遺棄了他，
但他就是想靠自己拼出個天地！

龍見首不見尾，我也不知道他在哪。」

當生活裡不再有每月的零用錢，轉而是家中柴米油鹽醬醋茶的生活帳單時，他從爺爺緊皺的眉頭及嘆息聲中感受到生活壓力，於是開始到餐廳打工，至少自己的生活費不用再找爺爺伸手。

♋

那段抱著「至少把自己顧好」心情的日子，阿倫以為自己的獨立是對爺爺的貼心，也是孝順，卻忽略了爺爺老邁的身軀，早已不復當年追趕壞人的勇猛，或許連跟上日常節奏都顯得吃力。

但爺爺同樣有著「就把自己照顧好」、「不要打擾阿倫」的想法，以致於彼此的互動與交集在不知不覺中減少了。

「爺爺到底怎麼了？」當爺爺被送到急診時，阿倫對此卻一無所知，這讓他相當自責。

然而，已經千瘡百孔的生活裡，瞬間再壓下的重擔，一時之間無處逃避。

「倫倫，你阿公有進步哦！他能起來坐輪椅了。」玉英阿姨總會特別把爺爺的狀況告訴阿倫。

爺爺倒下後，在每個屬於家人團聚的節日：過年、端午節、中秋節⋯⋯，阿倫會到安養中心，他覺得有爺爺在的地方，「家」便在那裡。

雖然生病後的爺爺已無法回應他，但他很珍惜能陪著爺爺，也或許是讓爺爺陪著他。

爺爺在安養中心的日子，雖然沒有迎來等待中的奇蹟，卻也平安地撐著，阿倫在打工的歲月裡完成了大學，終於可以結束在餐廳打工的日子，那是他這幾年來心中的期待：有一份正式的職業，開啟自己的人生。

ж

餐廳的日子不是不好，只是不像大家認知的，只有端

正向思考，
打工則是可以培養強大的觀察力，
也是累積下一份工作的底氣。

盤子和招呼客人。

剛開始除了為五斗米地原因而打工，但心裡也存在著可以和各式各樣的顧客接觸，實際上遇到奧客是常態，而尖峰時段，手腳永遠都不夠用！

因為台灣「顧客至上」的文化，讓服務生常常成為出氣包。

若是正向思考，則是可以培養強大的觀察力，也是累積下一份工作的底氣。若是能在餐廳安然度過每個關卡，了解事情輕重緩急、協調同事間的工作、妥善安排出餐的流程，正是戰勝尖峰時刻的關鍵。

但是畢業了，阿倫需要尋找另一份新工作的價值，來快速滿足第一桶金的能力。

因此，他跟餐廳的店長提出了辭呈。

☊

送走了店裡最後一位客人，阿倫換下了餐廳制服。

不同以往把制服塞進背包帶回家清洗，今天阿倫則是把制服折好，再附上清洗費，交還給店長。

　　他望著店裡的備餐檯、清潔區、廚房還有收銀台，回想著從清潔到端盤，再到備餐，每一個區位都有著階段性的歷練。從一開始懵懂時的手忙腳亂，遇到奧客的忿忿不平及被指責時的委屈，到後來逐漸上手，打工生活成了除了學校課業及探視爺爺之外的重心。

　　店長走來拍了拍阿倫的肩膀，彼此相視，一如面對其他工讀生的離開，簡單地說聲：「謝謝啦，有空回來哦！」彷彿面對送往迎來的客人般。

　　不同以往對待工讀生的離開，這一次，店長陪著阿倫走到了店門口，離去前多說了句「恭喜」！

　　阿倫看了店長一眼，一直以來，他對店長的印象都是停留在關心店裡的業績，而那句「恭喜」彷彿道出這幾年來，店長默默的關心。

　　「謝謝！」阿倫點了點頭。

沒有太多的情感糾結，
或許要等人生走得更遠時，
回頭才能看懂這段工讀歲月的深切。

沒有太多的情感糾結，或許要等人生走得更遠時，回頭才能看懂這段工讀歲月的深切。

中

　　夏天的夜晚，空氣仍發散著白日的炙熱，阿倫仰望著天空，深吸一口氣，邁步離去之前，回望了一下打工的餐廳，也許有一天自己會再走進這間餐廳，慶祝屬於自己的節日，也替自己拍攝快樂的相片。

　　告別打工，對阿倫而言，像是在告別生命某段的歷程，他不再回頭，開啟新的技能以及商業思維，追求人生另一段生命目標的內在幸福。

打工是很多人學生時代的生活經驗，不論打工背後的因素為何，難免會因為打工時間而影響了和同學一起的活動，或者自己生活的安排。尤其，因為是工讀生的身分，往往在工作環境中，得不到被重視的存在感，也無形中產生很多挫折。

**學會
在告別裡
擁抱自己**

　　我們常說「心理韌力」（resilience），就是指在面對挫折、壓力等情境時，自己透過一些自我勉勵、期許、個人特質如耐性、抗壓性或創造力等的心理資源和行為來恢復，從而避免因事件而導致的長期負面結果。

　　告別學生時期的打工生涯成為社會新鮮人，帶著那段打工經歷裡學得的職場經驗及磨練出的韌力，是一種心情的轉換，用告別迎向人生新階段的啟程。

03 走出童年的傷

人生的最美也在於接納曾經的糾結，
找到一份清明。

人生的本質，就是經由無數大大小小的選擇所構成，然而在長長人生中，有多少的選擇能盡如人意？

每一種選擇將伴隨著某一個結果，人的苦往往就周旋於「面對選擇」與「接受結果」的困頓，但人生的最美也在於接納曾經的糾結，回首來時，找到一份清明。

☙

阿德沒有朋友，也不曾有家人來病房探視，當我試探著問他時，他僅淡淡地說：「我沒有父母了，唯一的弟弟

人們把經歷過的「劫」，
轉化為「節」，成為一種紀念，
賦予事件全新的意義，
也有了繼續前進的動力。

在南部，很少往來。」

多半時間，他獨自待在病房裡，不太習慣和人互動，和他的談話總是斷斷續續，問起過往就像觸及傷痛一般，經常會陷入長長的沉默，或許對他而言，「過往」是準備拋棄和遺忘的，不該再被提起。

隨著住院時間長了，和他的互動中大概也拼湊出他的自責及遺憾。

父母在他很小的時候就離異，之後母親便再婚，年幼的他不知道該如何面對同學們的眼光，索性聲稱：「我媽媽死了。」用這樣的理由，阻擋同學的好奇和可能的閒言閒語。表面看似無所謂，年幼的心卻是對母親的離去充滿憤怒，也為自己身邊缺少母親的角色而自卑，以為是因為自己做錯事，導致媽媽的離開。這麼多疑問，他找不到人解答，逐漸變得沉默。

即便成長的過程中，媽媽曾不只一次回去看望，但他的怨怒絲毫不減，面對母親懊悔的淚水，選擇冷漠無視。

當接受變得困難時，替對方戴上「原罪」的帽子，一切的拒絕都變得理所當然。

♌

之後，傳來母親去世的消息，阿德只是心頭一驚，沒有太大的感受，甚至沒有悲傷，也或許潛意識將悲傷推到心裡最深的角落。

「那個聲稱沒有媽媽的你，有過得比較好嗎？」我想知道他怎麼用不同的視角，來看待自己。

「沒有。」回答得十分乾脆。

「所以繞了一圈發現，人生是自己的，和別人無關？」我試著幫他發聲，他望了我一眼，像是種沉默的認同。

「我後來去她的塔位上香，之前她希望我叫她一聲媽，我叫不出口，現在我想叫，她不在了……。」等他選擇和母親和解時，卻無法有再來一回的機會，現在只能帶

如果當時，可以有更好選擇，
誰願意放逐自己？
如果當時，曾被合理對待，
又有誰願意在人生留下遺憾？

著遺憾了。

「怎麼會有這樣的轉變？」我好奇這中間他發生了什麼事。

「看多了，也想多了。」他的回答依然簡短，接著再次陷入沉默，眼眶卻已微潤。

ᚦ

我想，在他和母親的生命之中，都有過一段不得已的經歷吧！

這種「如果當初……，是不是就……」的情緒，也許就是當時抉擇的無奈。

我請他用不同視角重新看待母親當年的離開，也審視自己的過往。

如果當時，可以有更好的選擇，誰願意放逐自己？如果當時，曾被合理的對待，又有誰願意在人生留下遺憾？

被遺棄的生命應該很苦，但更苦的是自己走不過去，

糾結在對母親最初的怨懟不平，以及選擇冷漠，導致後來的懊悔。

他述說著自己的煎熬情緒，但這樣的痛苦，何嘗不是母親當年選擇離開的心情？

卍

曾經看過一個對於「節日」的說法，人們把經歷過的「劫」，轉化為「節」，成為一種紀念，賦予事件全新的意義，也有了繼續前進的動力。

只是，多少人遲遲等不到「劫」轉化為「節」的時機。

如果可以，當我們面對各種「人生卡關」的當下，先拉開視角，而不是糾結在太多的為什麼。

家庭關係的斷裂是生命中很深的創傷，尤其子女在面對父母婚姻關係的結束時，往往會有種自己被拋棄的感覺，而產生不願意諒解父母的心情。

我們常說，夫妻間的爭執不要牽扯到小孩，因為對於孩子而言，父母親的任何一方都是他們的摯愛，無從比較，也不該比較。

只是很多時候，當夫妻在互動關係中出現緊張或委屈時，就很容易把小孩拉進來成為自己的同盟。

如此一來，小孩便成為夫妻雙方的爭奪對象，而在其中必須選邊站，對孩子而言，他們無法瞭解大人世界的複雜，

學會
在告別裡
擁抱自己

當下的無助及恐懼，讓他們只想到如何保護好自己的世界。

等到長大後，理解當年父母分開的理由時，又是另一番截然不同的心情，可能有罪惡感，也可能有憤怒或內心的矛盾。

因此，讓孩子知道無論父母的關係如何，他們都仍然是父母，不會改變，也不需要讓孩子比較對誰的愛更多。

如此，孩子可以不因父母離婚而承受情感的撕裂，仍然保有最完整的愛。

他們所告別的，或許是一個完整家庭、一個家人都在一起的生活，至於「家人」，無論身分如何轉換，「關係」還會繼續存在。

04 用一生圓一個未竟的夢

> 從想像開始的人生，已然來到最後一站。
> 海面波光瀲灩，望著浪潮，
> 他走進歲月。

　　單身獨居的他，是個安靜的人，圓夢是他離世前，與自己的告別。

　　告別的背後，隱藏著他的自卑，是他從童年開始餵養的心情。每每在孤獨裡陪伴他的，是一份想像，走著走著，成為臨終時握在手裡的希望。

　　死亡，是遲早會來的事，圓夢讓他得以完成跟自己的告別，無憾而終。我在陪著他的過程裡，看見他的苦，也看見夢。

在孤獨裡陪伴他的是一份想像，
走著走著，
成為臨終時握在手裡的希望。

ぬ

　國中畢業後，阿德便離家，靠著半工半讀完成了學業。搭著五、六〇年代台灣經濟起飛的大環境，正值衝刺的年紀，同學們一個一個在專業的領域裡嶄露光彩，築夢踏實。他原本也可以在打拚幾年後，過起安居樂業的日子，只是他的夢，在遠方。工作兩年後，他毅然離職，跑去當一名船員，展開不同的人生，在風浪裡逐夢。

　一次就醫檢查，發現已是癌症末期，病房裡的他依然安靜，配合著治療緩解身體的不適。他和手足間沒有恩怨情仇，只是大家日子都不好過，只能各自獨立，在院方的建議下，他找來多年沒有聯絡的親友。

　大哥來病房探視時，也帶了高齡年邁的母親，在親友的見證下，他完成了末期的醫療決策，選擇安寧。

　「他要去七星潭？」我納悶無緣無故的，怎麼會提到要去七星潭？

　「我找影片給你看吧！」當我這樣說時，他蜷縮著身

體，原本望著我的眼神立刻垂落，露出極度失望的神情。

「七星潭太遠了，改去北海岸呢？」我像在和他談判似的，但看到他眼裡再一次的落寞。

「你一定要去七星潭？」他肯定的點頭，露出堅決的希望。

曲

搭著救護車，從想像開始的人生，已然來到最後一站。海面波光粼粼，搖曳，望著浪潮，他走進歲月。

「七星潭，真的是世界無敵漂亮的啦！」小二的他聽著班上一位家境富裕的同學，正大肆炫耀週末全家去渡假的遊歷。

「七星潭，七星潭，好美的名字，應該是個夢幻般的地方吧！」他悠悠訴說第一次聽到七星潭的心情。當年家中貧困，生活裡能吃飽已是奢侈，「玩」，對他而言，就是手上幾顆珍貴無比的玻璃珠，那是他僅有的，每天抓在

死亡，是遲早會來的事，
圓夢讓他得以完成跟自己的告別，
無憾而終。

手上保護著，玻璃珠裡鑲著的五彩，在光線下折射著未來的夢，彩色的。

「我想看世界，所以選擇去當船員……。」當年孵著的夢，從七星潭變成了全世界，南美的印加文明、歐洲維也納、南非約翰尼斯堡……，他如數家珍，娓娓道來。

「世界各地都去了，為何台灣的七星潭沒去？」我疑惑。

「因為最美，所以想要留到最後。」為了夢，他選擇一生漂泊，抱著夢想前進，風浪再大也無所畏懼。他在敘說中有著一種釋然。此刻，他搭著回憶跟往昔的自己揮手告別。

旅人，最終還是要有家。臨終時，他出現些微的躁動，我撥了電話給他年邁的媽媽，讓他聽著媽媽的聲音。他彷彿回到襁褓，聽著媽媽的叫喚，在母親的叮囑中逐漸安靜、離逝……。

手上幾顆珍貴無比的玻璃珠，
那是他僅有的，
玻璃珠裡鑲著的五彩，
在光線下折射著未來的夢，彩色的。

末期階段的病人做生命回顧，在尋找生命意義的同時，其實也是在跟自己告別。

有人終其一生都陷落在當年失落的事件中，而那顆受創的心，則會以「未竟之事」的姿態，藉由不同的面貌裝扮，一再出現在接續的生命裡。

面對死亡的來臨，人們才開始認真看待自己，想讓自己的一生不再遺憾。

每一次臨終前的心願完成，不論是見一個人、辦一場生日派對、婚禮，或是去一趟某地等，背後都是當事人和自己生命的連結。在自我整理中，重新接納當年失落的自己，以及沒有被接住的情緒，可能是懊悔、憤怒、哀傷或愧疚等。

　　大哥當年與自己約定的七星潭，便是如此。他終於抵達七星潭時，翻湧著是童年那個因家境而自卑的自己，以及自此而後的遊歷天涯海角，始終留下一角未竟的等待。

　　此刻，終於完成，真正放下，讓自己輕輕舉杯，和往事道別。

05　畢業照顧者

> 當不再是一名照顧者時，
> 卻仍掙視囚禁在那段照顧的記憶裡，
> 無法抽離。

「做人的媳婦著知道理，晚晚去睏著早早起，又攔煩惱天未光，又攔煩惱鴨無卵，煩惱小姑要嫁無嫁妝，煩惱小叔要娶無眠床⋯⋯。」

明薇心裡不經意浮出了這首歌，雖然早已是往事，卻不禁感嘆當年那個陷入了媳婦難為的自己。

ᪿ

那段身為照顧者的日子，對比著當初走入婚姻時的想像，說當中沒有掙扎，那是不可能的。

畢竟，她並不是傳統那種要依附著丈夫才能生活的女性，以她的能力，找份稱職的工作絕對沒有問題。只是當年婆婆突然倒下，全家一時陷入慌亂，光醫療費用就花了幾十萬，為了節省開銷，明薇便承接起照顧婆婆的角色。

　　剛接手照顧時，連怎麼幫婆婆換尿布都是一大工程，生活總是被推疊的照顧行事例擠壓著，連排進喘口氣的時間都顯得奢侈。

　　往往一邊忙著張羅小孩的三餐，一邊還得注意著時間，定時要幫臥床的婆婆翻身、換尿布及餵食，如果遇到婆婆排便不順時，還得再花個時間幫她按摩一下肚子。

　　　♂

　　每到初春，天氣還沒回暖的季節，對照顧病人的明薇而言是最難熬的，或許是忽冷忽熱的天氣，婆婆身體的狀況總是特別多，經歷過半夜叫救護車送急診的那種驚心動魄，回想起來還是心有餘悸，絕對是個創傷經驗。

　　幾年下來，明薇不是沒有跟先生抗議過，他的其他手

足也該分擔照顧的責任，只是每次為這事爭執的結果，並無法改變什麼，先生不是裝忙，就是藉機開溜，躲得遠遠的，讓明薇在家裡變得好像只是處理事務的工具，完全沒人在乎過她的感受。

為了維繫這個家，明薇只好被迫把那個忿忿不平的自己埋葬得更深，只是心底的聲音則像是缺氧，為了存活而掙扎著喘氣般，只要稍有碰觸，便尖銳地刺痛著自己。

婚姻裡太多雜質，對和樂家庭只剩下想像，成為日常紛擾裡噤聲的小媳婦，每每因爭執而翻湧的情緒，一如潮浪沖刷著明薇面對壓力的底限。

如今回頭看看，那般斑駁的歲月裡，從來就找不到可以讓她沉澱的空間。

db

「有一次婆婆腸胃不適，一天換好幾次尿布，連著晚上也沒睡好，後來我幫她擦澡時，竟發現她在流淚，大概是不舒服，也可能覺得讓我這樣為她忙進忙出而感到愧

疼。」

　　「醫生開了藥，吃了就不會不舒服了。」明薇那時竟然認為婆婆是全家唯一懂她的人，不由得也跟著紅了眼眶，安撫著婆婆。

　　「當時看著婆婆受苦，而能幫她撐起世界的，彷彿只有自己，我若放手，她便陷落到深淵。」那一刻，明薇發現她跟婆婆已經是命運共同體，累，卻放不了手。

　　雖然她也曾經害怕，怕日子會不會就這樣永無止境地照顧下去。

　　♫

　　春天了，明薇抬頭看到小葉欖仁的嫩芽冒出來時，感慨地回想：「好不容易又過了一年……」。

　　雖然婆婆後來離逝了，但生活裡卻不時有種牽掛，常常猛一驚以為到了翻身、餵食的時間，明薇定神，才想到她已經不在了。

一路走來的點滴，
全都攪和得像一團毛線球，
在層層疊疊中也難說哪裡是線頭了。

尤其現在小孩都大了，不在身邊，白天一個人在空蕩蕩的屋子裡，她反而懷念起那幾年有婆婆陪著的日子。

　　「有時候會想，是不是那時候自己沒有照顧好，才會讓她走掉，但也會想她走了，對她而言算是解脫，沒有病苦了。」明薇的思緒隨著複雜的心情起伏，在回憶與現實中來回穿梭著。

　　一路走來的點滴全都攪和得像一團毛線球，在層層疊疊中也難說哪裡是線頭了。

　　她也曾經想像有一天不再是照顧者時，日子應該會輕鬆許多，只是，如今婆婆走了，她卻彷彿被囚禁在那段照顧的記憶裡，無法抽離。

　　　♁

　　「媽，今年端午，妳可以再包那種有花生、有蛋黃的粽子嗎？以前祖母沒生病前，妳都會和她一起包的。去年祖母走了，妳說習俗不能包，那今年可以了嗎？」女兒要求著。

照顧者往往在疲憊的日子裡，
只有無盡的暗色籠罩著。

路旁小葉欖仁的枝極早已長出翠綠的新葉，一陣風吹過，生活裡終於找到可以重新開始的方向。

　　明薇吸了口氣，會包粽子還是結了婚之後，婆婆所教的。

　　前幾年為了照顧婆婆，根本沒空弄些有的沒的，她差點忘了嘗試創作各種料理，一直是能讓她樂在其中的事。

　　「好幾年沒包了，也不知道還能不能抓到那個味道。」明薇回應著女兒的要求，驚覺婆婆離開都一年多了，要不是女兒提醒，還真忘了自己曾經引以為傲的廚藝。

如今不用照顧婆婆了，也許，可以著手試著重新找回當年的味道。

走向市場的路上，經過小公園，明薇抬頭望了一下路旁小葉欖仁的枝椏早已長出翠綠的新葉，一陣風吹過，生活裡終於找到可以重新開始的方向。

明薇期待自己，能真正放下照顧責任的壓力和憤恨心情，因為照顧者打的是長期沒有勝利的戰爭，往往在疲憊的日子裡，只有無盡的暗色籠罩著。婆婆走了，雖然心裡有些預感，但一下子巨大的改變，心裡還是有不安及哀傷的情緒，甚至還有一絲的內疚感，困在心中成為無法解開的結。

其實，糾結的情緒，正是提醒著從黑洞裡苦覓光亮的自己，要走出被綑綁的情緒，告別照顧者的角色，才能讓自己得到真正的釋放。

長期照顧常常聚焦在被照顧者的需求，而忽略家庭照顧者所需要的支持。

當照顧者走到結束照顧的階段時，往往早已身心俱疲。面對結束照顧的心理調適，會出現一些很類似傷慟反應的情緒。

照顧者也因先前長時間的投入照顧工作，在結束照顧後，面臨了角色轉換、人際支持及生涯規劃等困難。

在進入畢業照顧者的階段時，整理過往的照顧心情，將重心拉回到自己身上，從熟悉或有興趣的事務開始找回生活重心，許自己未來一個彩色的夢。

學會
在告別裡
擁抱自己

告別愛情，

總讓人清醒著流淚

在離開一段感情時，看見曾經的勇敢，讓轉身，
成為更好的自己。

01　告別後，再愛一次

> 揮手告別，陪著自己的除了眼淚，
> 還有微笑，
> 相信一切總有撥雲見日時。

「跟很多人一樣，反正就是遇到了渣男，然後覺得自己很蠢，但就是走不出坑。」亞看似無所謂地說著，但從她閃避的眼神裡，大概也能瞭解當中她的難過。

他們是公司裡不同部門的同事，因為計劃案而共事，是他主動對她釋出好感，在資料匯整時，貼心地幫她先做好分類，她知道這樣的動作是費了心思的成果。而她則在聖誕節時，送上了自己親手做的薑餅做為回禮。

「愛在曖昧時刻最美麗，哪對戀人沒有甜蜜的過去？

愛在曖昧時刻最美麗，
哪對戀人沒有甜蜜的過去。

重點是那都過去了。」

看得出來亞極力地想掙脫過往，如果可以，甚至想要遺忘。

「他抽菸，那是我最受不了的部分，人還是要忠於自己，我原本就討厭菸味，他這點其實不符合我想要的條件。」亞心虛地想用數落來拉遠對他的感覺。

兩人之間的細膩互動，從相知到相愛，想必過程中的小缺小點都不影響感情的進展，所謂「情人眼裡出西施」大概是最經典的結論了。

他們也經歷彼此改變、彼此遷就，說不用心在這段感情上是說不過去的。

ᑲᑭ

「其實我早該認清，他是拿著國外名校學成歸國的才子，我不過就是個國內大學畢業，論美貌從小也沒被說過什麼花的，論才華更是貧乏得可以，也沒有顯赫的家世，

大概就是典型的小資女，憑哪點被青睞，偶像劇看太多，恍神了。」亞嘴裡說著對自己滿滿的貶損，當然無濟於事，反而讓自己心情更低落。

交往的過程中，亞一度糾結過這些問題，身旁的人不乏有人不看好，但兩人世界裡的風風雨雨，對愛情而言，大概就是個點綴，走過了就是滋養，走不過就成了罪因，甚至是壓垮駱駝的稻草。

分手，是因為不想讓自己再痛，但走不出來，是因為心裡割捨不下往日的點點滴滴……。

這是所有在愛情裡受傷的人的共同心聲，告別愛情很難，尤其曾經動心且深愛過。

db

「我其實也會想，如果在一開始自己更強勢地抗議他對其他女生的關心，是不是就可以把他留在身邊？」

「算了，我大概也做不來這種緊迫盯人的事。」亞近

兩人世界裡的風風雨雨，
走過了就是滋養，
走不過就成了罪因。

乎自問自答。

討價還價的內心戲從來不會少，只是最終還是屈服，回到現實面對類似劈腿、糾葛猜心的疑慮，安撫好自己別離且動盪的情緒。

愛情的美好，在於原本陌生的兩個人，彼此願意信任，且學習開放的心態，讓對方瞭解自己，從互動中去調整及接納彼此的不同，在情感及未來的理想上，堆疊人生的夢。

當感情已然褪色，「告別」將是這段感情的臨界點，從兩人的互動中，回歸自我的檢視，結束原本相互依附的關係，必須經歷一段忍受生活裡獨自孤寂的階段。

♂♀

有人說：「關於我愛你這件事，和你一點關係也沒有。」好深刻的一句話，這一關要跟自己學習，勉強亡羊補牢的關係，無法保證感情能恢復如初，無悔告別，從真誠面對自己開始。

討價還價的內心戲從來不會少，
只是最終還是屈服，回到現實，
安撫好自己別離的情緒。

聽著一些描述愛情消逝心情的歌曲，亞還是會掉眼
淚⋯⋯。

每天的心都浮浮的，亞想起過往，各種念頭就是紛至
沓來，有時好想像鴕鳥一樣把頭深埋在土裡，那種感覺簡
直令人窒息。

經歷過內心的叫罵、哭喊、用大吃大喝來宣洩情緒。
冷靜之後，還是會淡淡的想念，但不同的是，她開始試著

跟自己對話，不再貶損自己，也沒有不可一世的張狂，就是會去看見當時自己為了維繫這段感情的委屈及付出，學會疼惜自己，也珍惜過程曾有的美好。

ф

「『感謝、祝福他』這種話，我大概還說不出來，但至少渣男這個形容我收回了。因為我發現，貶損他不會讓自己覺得更好，那也不是我。」亞一口氣說完了自己的心得，彷彿宣誓般把我們當成她的證人。

「最好是哦！」大家你一言我一語地帶著一種故意調侃的口氣，但心裡卻佩服她。因為，要走出情傷，除了勇氣還得有智慧，誰不是戰戰兢兢地學習這一門愛情學分呢！期待未來遇到對的人時，自己能真誠的再愛一次。

揮手告別，陪著自己的除了眼淚，還會有微笑，相信一切總有撥雲見日時。

親密關係的發展是一種彼此依賴、揭露以及自我覺察的學習歷程。

愛情必備的三個元素「親密」、「熱情」與「承諾」，任何一個消褪時，如果不能修補，便會對感情產生影響，甚至走向分手。

此時找到支持的網絡，面對失落接受分手的事實，學習親密關係裡的告別，透過檢視自己的定位及重新體會對方在自己生命中的角色，都能幫助自己調適分手的心情，走出傷痛建立新的生活重心。

學會
在告別裡
擁抱自己

02　已讀不回

> 懸著的感情，
> 就這麼散在時間的流沙裡，
> 無從「告別」……

怎麼告別一段沒有「分手」的感情呢？用無數個傷心的理由來搪塞自己，合理化他的「已讀不回」。

因為沒有一個明確的切點，懸著的感情也就這麼晃呀晃地，散落在時間的流沙裡，「結束」也就這樣飄著，無從「告別」。

đb

「沒有吵架，就只是距離遠了，淡了……。」但真是如此嗎？

沒有吵架，就只是距離遠了，淡了⋯⋯，
但真是如此嗎？

　　小姵自己也無法說服自己，因為她知道，兩人之間不是沒事，而是她選擇忍讓，獨自吞下委屈，只為了維持一種表面的平和。

　　她從小常看著爸媽的鬥嘴爭執，從大事吵到小事，吵個天翻地覆，直到有一天，爸媽簽字離婚，家裡安靜了，而她則被迫住到外婆家，隔代教養的成長環境下，讓她特別懂得體諒別人，也因此「乖順」成了她最被稱道的特質。

「女孩子就是要乖順，妳媽的個性就是太強了，得理不饒人，才落得好好一段婚姻搞到離婚，苦了自己，也苦了妳。」她記著外婆一再的叮囑。

小姵將這段話記得牢牢地，她以為做隻鴕鳥把頭按在沙子下，便能鎖住愛情。

db

「什麼！沒跟妳商量就決定了？妳就是太讓他放心了！」

友人替小姵打抱不平，但她反倒為他說話，什麼機會難得，現在網路發達，聯絡方便之類的。

得知他申請派駐到海外一年時，她愣了一下，而他卻興奮地說這是難得的機會，沒在意小姵滿滿的震驚和不捨。

面對這不長不短的分離，臨行前兩人安排了一趟環島，說台灣有山有海，還給了這趟旅程叫「山盟海誓之

旅」，那時的小姍如她以為的，沉浸在愛情的甜蜜裡，閃到令人嫉妒。

分隔二地，原本約好每天視訊，因為他接了專案而被打亂，常常兩人的談話內容都是在喬下次視訊的時間，小姍為了讓他專心準備專案，提議就用 LINE，等他有空再回就好，反正 IG 有動態，也可以追蹤彼此的近況。

只是專案結束後，原來的視訊互動模式似乎也回不去了。

逐漸出現「已讀不回」時，小姍不是沒有察覺，只是她安慰自己：「他應該是太忙了。」

而他也的確會在後續回訊息時，加上一句道歉，說明不回的理由，這讓小姍一度責怪自己多心。直到兩人從「無話不談」漸漸走到「無話可說」時，小姍再也無法說服自己，也明白對方已是無心的那個人。

ф

或許戀著的不是他，
而是心疼那段用委屈換得的美好，
想幫自己找一個回憶，用來告別。

「要去環島？妳該不會還念著他吧？傻啊！明明知道他就是不愛妳了，幹嘛還苦苦守著？」聽著朋友的叨唸，其實這些話，在小姵心中早就像迴圈似的，隔一段時間，就會在心裡響起。

　　「就只是想去玩一下嘛！」對小姵而言，或許戀著的不是他，而是心疼那段曾經用委屈換得的美好，想幫自己找一個能代表這段感情的回憶，用來告別。

　　「我看妳是走不出情傷，不然那個追妳的 J，條件也不錯，妳幹嘛不接受？」友人吐槽地說。

　　「妳再說我，哪天我真的談了戀愛，沒空理妳時，妳可不要抗議我重色輕友哦！」小姵嘴上不服輸地反擊，小心地不讓自己心中的傷痕再次浮現。

　　「妳難道不想找他說清楚，講明白嗎？」友人的提問，再次戳中小姵心底的聲音。

　　她哪不想，只是問了又如何？得到的答案多半也是個敷衍吧，何況她不想碰觸可能產生的爭吵，那是她心底被

深深烙下的警語。

「要我就找他問個明白，哪怕他給的是個荒唐的理由，也能分得乾脆，大不了好好哭一場，總比內傷來的好。」友人面對感情的俐落，倒是令小姵好生羨慕，但她捨不得這段感情這麼被粗魯的對待。

「有差嗎？不過是問了個傷心罷了！」對小佩而言，她瞭解他會說什麼。

她認為，愛情不需要藉口，更不想聽到謊言。

再一次的環島，是想撿拾當時散落的笑聲，也好打包這段回憶，給自己曾經的投入一個封印，作為告別。

「先說好，這次不要再排打工換宿了！」友人提出條件。「那來個火車環島如何？」小姵提議，也在心裡跟自己說著：「每一站的停留，是上一段旅程的結束，也是下一段風景的啟程，沿途的山海，見證的不是愛情，而是她走出情傷的成長。」

　　不是每段關係的結束都能有機會好好的告別，有時候一個錯過，要再提起便容易陷入猶豫，也或許因為某種緣故，例如意外導致對方離世，而留下來的一方，面對失去，卻無法完成道別。

　　在經歷失落時，「舊地重遊」是很常見的一種因應方式，一方面想再沉浸在往昔的回憶裡，然而景物依舊的感觸也很容易牽動情緒，讓人從過往的回憶裡明白如今人事已非，當中的情緒是雜陳的，除了對過往懷念，也是思緒的重新整理。

告別的完成，是失落調適的課題，有時連談論事件本身對當事人而言都是困難的，所以壓抑或否認也是經常出現的反應。然而當有勇氣再一次回首，也是再一次靠近自己的內心。

此時，透過重寫故事，幫助我們用另一個視角來詮釋原本的事件，看見自己在那段遺憾及失落的日子裡，依然前進且堅韌的生命力。

03 沒有留下痕跡，是愛？

> 心裡想著，一段沒有說出口的愛情，
> 該怎麼得到祝福，
> 或怎麼樣去懷念它？

「我不是他的誰，為何我一直放不下？」電話那頭，她的聲音聽起來十分迷惘，彷彿走入了迷宮，卻繞著找不到出口。

他們先前是一起共事的同事，陽光、風趣的他讓人不自覺有了好感，即便後來他離開公司，還是一直和同事們保有聯繫。她喜歡偶爾找他吐吐工作上的苦水，而他總能用誇張的比喻，幽默化解她的煩悶。

❀

他不是不想擁有愛情，
而是擔心無法再給出可以實現的承諾。

「我們很能聊，往往一說上話，一、兩個小時就過了。」兩人的好交情可見一斑，只是她不太過問他感情上的事，只隱約知道他曾經有交往很久的女朋友，後來分手了。他們之間的友誼保持在一種很近，卻有著某種不輕易碰觸的界限。

　　「我傳給他的訊息都沒有回，一開始想說也許這陣子太忙，隔了一段時間，他主動聯繫時，才知道他住院了，這段時間在接受治療，但病情沒有好轉……。他生病的最後一段日子，我知道他家人沒辦法來照顧他，於是我自告奮勇問他，需不需要人照顧，他沒有拒絕我。」她簡單地陳述事情大致的狀況，那是他們最親近的一段時光。

　　「照顧他的時候，我有一種幸福的感覺……。」我靜靜聽著她的陳述，好讓她坦然面對自己。

　　她曾經問過他，怎麼看待兩人的關係？他回說：「遺憾，緣分太淺。」

　　「也是，談『名分』顯得太世俗了。」她同意他的考

悲傷的調適沒有時間表，
但在過程中，卻有需要被完成的東西。
在自己的哀傷調適裡，
缺的那一角又是什麼？

量，在死別跟前的一切，都準備要畫上句點，「愛情」是屬於擁有未來的人才存在，不屬於他們。或許他不是不想擁有愛情，而是擔心無法再給出可以實現的承諾。

臨終前，他把後事委託她處理。

「整理著他的遺物，最後一件是他的手機，我把它寄給他的姐姐，至此，他在我的世界裡，完全不留痕跡。」我靜靜地聽著，陪著她梳理這段情緒，尋找他在她回憶裡的「存在」。

♏

「他離開後，我很悲傷，本來想等處理完他的事情後，心情就能回復，但我好像陷在哀傷裡走不出來……。」悲傷的調適沒有時間表，但在過程中，卻有需要被完成的東西。在她的哀傷調適裡，缺的那一角是什麼？

我心裡想著，一段沒有說出口的愛情，該怎麼得到祝福，或怎麼樣去懷念它？對她而言，那是一段挨著死亡邊坡前進的愛情，短暫的幸福，其實是生命裡面，很重要的

銘記，這當中有許多難以被理解的不容易，深刻地烙印成為生命裡最隱晦的珍藏，卻找不到可以存放的位置，這應是她最深的失落吧！

「這是一個非常特別、刻骨銘心，值得放在心裡的一段感情，妳一定希望這段感情能被看見，甚至可以得到祝福。」我說。

雖然隱隱約約，那段日子卻是真心愛過的證明。

此時，電話那頭的她早已泣不成聲，終於可以為這段無名的感情，好好的哀傷。

　　有人說，告別之後，才能走過哀傷。因此，告別和哀傷的調適是息息相關的，Doka 在 1989 年提出「被剝奪的悲傷」（disenfranchised grief）指出：「當個體經歷失落的悲傷無法被認知、無法公開哀悼，或是無法得到社會的支持時，稱為被剝奪的悲傷。」

　　當面對這樣的狀況時，告別不是要去遺忘，相反地，需要找到一份傾聽，好讓刻意隱埋的情感釋放，珍視在幽微深谷裡的自己，好讓告別完成，讓失落的哀傷找到宣洩的出口。

04 告別單身

「婚姻」這道多少人期待，
又怕受傷害的課題，
終於輪到自己來解答了。

「就像進入叢林遊戲，一旦啟動，非得著著實實嚐盡一番酸甜苦辣，方能超脫涅盤。」

姿晴聽著同事以過來人的身分，淡淡地說著。

那些口中酸甜苦辣的委屈和勞苦，彷彿早消融在她內斂沉著的性格裡，讀不出當中的情緒是「認了」，還是看開的「算了」。

愈是接近婚期，「婚姻」這道多少人期待又怕受傷害的課題，愈是讓姿晴的內心忐忑，心想終於輪到自己來解

答了。

遇上百分百的幸福，機率是那麼地微小，不僅僅有外在條件的考量，最重要的還是得能夠相處得來。

所謂「相愛容易相處難」，兩人如果能夠真心的對待彼此，儘管相處中難免會歷經口角、冷戰，但一點幸福的滋味，就能遮蓋了先前的痛。

因此，當他開口求婚時，姿晴都快哭了，是真的有被感動到，中間的磕磕絆絆，頓時都忘了一乾二淨。

「雖說相處許久，也期待了好久，但是愈近婚期，不免要問自己，我真的要結婚嗎？感覺不太真實，有點猶豫，也有些擔心，面對未來漫長婚姻日子患得患失的。」姿晴說著這陣子以來，自己心情的五味雜陳，以前聽人說的「婚前症候群」，自己現在幾乎完全複製貼上。

就怕像大家說的「一時昏頭」，所以還試圖寫下結婚

每個人對愛情的座標不同，
幸福也需要學習。

的優缺點，想藉由理性分析來安撫自己，結果發現根本是行不通，才寫個二、三點，心裡便有個聲音：「難道列點出來後，婚就不結了嗎？」

因為每個人對愛情的座標不同，金錢可以一起努力，但未來是兩個家庭的相處，她想幸福也需要學習，所以點頭了……。

๑

結婚的決定跟家人說了之後，頓時家裡話題開始圍繞著「結婚」。連假日去探望奶奶的對話都是。

「我們那時的嫁娶，都是由父母決定，哪能有什麼意見！」奶奶說著沒有婚姻自主的年代，所謂的「脫單」就是「順從」，對象從自己的父母變成丈夫、公婆，如此而已。

「沒有感情的基礎，那怎麼成一家人啊！」姿晴為奶奶那個年代的婚姻發出不平之鳴。

婚姻這件事，
總是這個世代翻轉著上個世代的觀念，
長出些創新，成為時代的代言。

「所以才跟妳爺爺從年輕吵到老，感情是吵出來的，結婚之後，家才是重點，妳可別跟人家學什麼不合就離婚的話。」奶奶順著話題提醒姿晴。

　　「媽，妳當年怎麼會想結婚？」

　　「年紀到了，遇到妳爸，就結婚了。」媽媽講得輕描淡寫，要是以往，姿晴大概就讓答案停在這裡了，但現在自己對結婚的體會，她相信總是深思熟慮、觀前顧後的媽媽，決不會這麼簡單就讓自己踏入婚姻。

　　「也許當時也想逃離自己的家。」果然，媽媽停了一會，語重心長地說。

　　姿晴聽出媽媽話裡的懺悔，雖然媽媽從沒說她和外婆到底發生了什麼事，但姿晴卻是不只一次在陪著媽媽去安養中心探視失智的外婆時，聽到媽媽感嘆地說著：「養兒方知父母恩。」

　　「妹妹啊，嫁人後對公婆的應對進退要懂事些，不要像在家裡，動不動就來個脾氣，爸媽順妳，妳對公婆可是

要有對長輩的禮貌。」媽媽一臉憂心。

「媽，什麼嫁不嫁的，要說『結婚』，是兩個人『結婚』！還有，我們說好了，除夕團圓飯是用輪流，一年回他家，一年回我們家的哦，妳可不要說什麼除夕、初一女兒不能回娘家的規定。」媽媽才提醒完，姿晴馬上回嘴。

♂♀

姿晴記得，已婚同事們每每到過年時，就無奈地說要去不熟的公婆家團圓，萬一廚藝又不好，還要硬著頭皮張羅年夜飯，姿晴不想讓自己每年都要面對這樣的困擾。

「不辦婚宴，姿晴他們決定走簡單的登記結婚，再約上三五好友聚個餐，雖然簡單卻達到賓主盡歡的目的。」媽媽跟爸爸說著年輕一代有著他們告別單身的方式。二老感嘆著，婚姻這件事，總是這個世代翻轉著上個世代的觀念，而在每個世代裡，長出些創新的花樣，成為時代的代言。

「媽，人家說婚姻是愛情的墳墓，妳說呢？」姿晴不

婚姻，
是裹著愛情和現實世界裡層層疊疊的餡料，
有時自己吃著滿意，有時即使是甜的，
吃多了也會膩。

經意地問著。

「也不全然，大概就是麵包裡裹著愛情和婚姻世界裡層層疊疊的餡料，有時自己吃著滿意，有時即使是甜的，嚐多了也會膩！當然，也有烤焦的時候，畢竟是自己捏出來的味道，再難吃也就認了。」媽媽半帶詼諧地形容著。

「告別單身」或許形式上是一個簽字押章，也或許是一場宴席派對。

然而現實的日子裡，是一天接著一天，在拋擲各自習慣中建構著兩人世界的過程，時而自我呢喃，時而彼此爭辯，時而共鳴。

姿晴心裡咀嚼這陣子自己的心情及大家的論點，唯一肯定的是，終於要脫單了，慶幸自己遇到一位願意攜手走向下一段人生旅程的他。

適時與過來人聊聊，
聽聽他們的心路歷程來得到一份支持。

人生發展的每個階段，都會揮別前一個階段，也帶來不同的課題。告別單身不僅僅只是為人夫、為人妻的角色轉換，而是要開始面對共同建構一個「家庭」的責任。當中從生活習慣、家事分配到家族傳統等等，都與婚前的單身狀態不同。因此，很多人會因為蜂擁而至的問題而產生壓力，情緒出現患得患失的焦躁，連帶對結婚的喜悅也消失了，還可能產生不想結婚的念頭。

與過來人聊聊，聽聽他們的心路歷程來得到一份支持，也藉由不同人的婚姻經驗及觀點，來作為彼此對婚姻看法的分享，建立家庭規則的共識，及親友互動的期待等等，讓告別單身不只是一個婚禮儀式，而是幸福人生的里程碑。

05　凝望著，我對你的愛

> 承諾，毋須言語，
> 告別，也不再是一種感傷的手勢，
> 而是衷心的安慰。

　　「可不可以讓他留一句話給我，一句話就好！」奶奶眼眶微潤，懇切地提出這樣的要求，說完後抿著嘴，低著頭端坐在會談室裡。

　　沉默，把她帶回了故事的起點……。

　　ф

　　「他是打火兄弟，年輕時一接到任務，馬上轉身沒有留一句話便出勤去了。沒有隻字片語，更別說交代什麼，或許他的心裡覺得一旦做了『交代』，就好像暗示：不會

回來了！」

選擇在火場衝鋒陷陣的職業別，無懼面對火神的威脅，在大火中忍受烈焰搶救生命，對爺爺而言，是一份神聖的工作。明明知道每一次的出勤極可能就是死別，但爺爺出勤時，心中一定是想著：「就賭上一把吧！」

不想說出口的告別，就是一種再見面的承諾，這樣的默契，當作心裡平安歸來的護身符。

「但他沒想到，我一個女人家，帶著兩個那麼小的孩子，他一出任務時，我一分一秒地擔著心，盼著他回來，卻又掛心著他的再次出勤。大家歌頌的是打火兄弟如何勇敢，沒看到的是另一端家屬，無止盡的擔心、受怕，以及內心翻湧的恐懼。」

φ

事隔多年，終於，奶奶說出了壓在心裡多年的委屈，和那份消散不去的驚恐。當年的淚水，此刻，再次湧現，滑落在臉上，無聲地訴說著過往時刻的煎熬和痛楚。

不想說出口的告別，
就是一種再見面的承諾，
這樣的默契，
當作心裡平安歸來的護身符。

「他生病後，我很害怕，我怕那一天真的來的時候，面對他的離開，還是沒有留下一句話給我……。」

當最後一次的轉身離開已來到眼前，如何讓這次的道別不再是悄無聲息？奶奶渴望的，不僅是親口告別，更是過往生命經驗的翻轉。

爺爺在火場上，經歷無數生死，即便年老，也還有著當年叱吒風雲的氣慨，威風凜凜，如日中天。此時，真能讓他講出奶奶想聽到的柔情片語？我沒有把握。

✿

11月的暖陽令人曬著舒服，卻還是有些刺眼。

奶奶細心地幫爺爺戴上了繡有「火鳳凰」代表消防標幟的帽子，推著輪椅到病房外的空中花園散步，可以感受到倆人互動間的恩愛。

我順勢地說：「爺爺你好幸福！」這時爺爺回了一句：「這要謝謝我太太！」他的眼神望著奶奶，也握起了奶奶的手。當下，我抓緊時機，趕緊把那一幕拍起來。

承諾，毋須言語，
告別，也不再是一種感傷的手勢。

「奶奶，您不是等著爺爺給你一句話嗎？爺爺要說的話，都在這張照片裡。」

──執子之手，與子偕老。

承諾，毋須言語，告別，也不再是一種感傷的手勢，而是衷心的安慰。奶奶凝視著照片許久、許久……。此時，無聲勝有聲。

告別可以有很多方式，不一定是要用說出口的方式來表達。依照當下的情境及對象，使用不同的媒材，例如：圖畫、玩偶、照片或具紀念意義的小物件等等。透過引導過往對彼此最具意義或印象深刻的事情，也許是一句話，一個手勢，或是一個眼神，都能傳達那份心意。

道別，不一定要說再見，一個微笑，也是愛。

而陪伴者就像是一座橋，用安靜的傾聽，讓當事人放心的停留在某個對他而言的重要時光裡；試著陪伴失落裡的慌張、生氣、哀傷或者委屈，讓故事重新述說，再次流轉，讓當事人進入不同的視角，走出新的方向。

從牽掛到祝福，

引領一段新的啟航

人生的旅途，始終要面對一次次的分離。

但總會有另一個出口，帶我們找回生命自己的

解答，不執著過去，珍惜有所依託的未來。

01　唯願你安好——爸爸

> 他努力端著一個搖搖欲墜的世界，
> 就像是吹出的氣泡，
> 片刻間即將幻滅。

　　身為單親爸爸，他是孩子的玩伴，也是英雄，一手撐起孩子的世界。

　　「該如何告訴孩子，我將不久於人世？」末期時，他求助地問。

　　空氣，在他的提問後凝結。

db

　　在我眼前呈現的景象，是他努力端著一個搖搖欲墜的世界，就像是吹出的氣泡，片刻間即將幻滅。此刻，要

告別，如果帶著恐懼，
那孩子所能感受到的，
就是分離的焦慮及對命運的無能為力。

讓孩子面對這不能承受之重，起手承接之際，又該如何輕放？

「所以，你怎麼想？」他知道我問的是「死亡」。告別，如果帶著恐懼，那孩子所能感受到的，就是分離的焦慮及對命運的無能為力，這是我的擔心。

「該努力的，我都努力了，醫生說剩不到一個月！離婚後，我跟偉呈相依為命，但他還是個孩子……。」他平靜地說著自己即將面對的死亡。但他是一個父親的角色，孩子才是他此刻唯一的在乎，他要的是一個讓孩子能承受的告別。

他不希望因為離逝，毀壞了孩子的世界，如果不能讓孩子擁有純真的快樂，那麼，至少不要讓他的世界因此碎裂、崩解。

「偉呈已經沒有媽媽了，但現在我的身體不行了，只能用勇敢教他走接下來的人生。」我懂他此刻在死亡面前展現的無懼，我也懂在努力抗癌的過程裡，每一次面對手

術的勇敢，忍受化療副作用的嘔吐、嘴破、拉肚子⋯⋯，都是為了孩子。

告別，要怎麼說出口，才能不讓孩子受到太大的衝擊？

還沒說出口，話語卻早在內心翻滾。他甚至懷疑，告知孩子時，自己能不能忍住，不讓情緒崩潰。

孩子大概能理解什麼是死亡，但還不知道如何承接，生命裡最重要的教導，如果能由他自己來對孩子說，對孩子的意義一定更可貴。

「如果不是由你來說，而是讓你來回答，像平常帶著他探索事物一樣的互動呢？」我的提議得到他的同意。

❦

偉呈放學後。都會自己從學校坐公車來醫院陪爸爸，傍晚祖母下班後才來接他回家。偉呈總會和爸爸分享學校裡的趣事，父子倆無話不談，即便生病，但在偉呈眼裡的爸爸，依然是頂著天的英雄。

生命裡最重要的教導，
如果能由他自己來對孩子說，
對孩子的意義一定更可貴。

愛，萌芽於日常生活之中，
不斷深根且茁壯。

這天，他如同往常放學後連跑帶跳地進入病房，一看到陌生的我，本能地收起原本的笑容，爸爸給了他一個放心的眼神。我主動介紹自己，然後，提議我們 3 個人來進行一場「角色扮演──一問一答」的遊戲，我化身為偉呈提問。

　　「爸爸，你住在醫院好久了，到底怎麼了？」我站在孩子的身後，假裝是他來提問。

　　「爸爸生了很嚴重的病，用各種方法治療了好久，都沒辦法好起來。」爸爸看著孩子平靜地說著，停頓了幾秒，接著眼睛看著孩子，認真地說：「醫生說，可能不久之後……，爸爸會死掉！」

　　空氣再度凝結，可以感受到孩子一愣，但他克制著侷促，幾乎沒有表現出任何的情緒。

　　孩子冷靜的反應，是震驚、否認，還是憤怒？我讀著他眼神裡的不是焦慮、慌亂，也沒有忿恨不平。此刻在他的小小世界裡，除了重量級的巨石，還有父子情深、真情

滿滿的交流，彼此心照不宣的凝望。

「爸爸，你會怕嗎？」我用我的解讀，再次替孩子提問。

「爸爸不怕，但爸爸想知道你怕不怕？」一如早先擬好的腳本，他要陪著孩子探索，在面對生死籠罩的黑夜裡彼此扶持前進。或許，孩子早有感覺了，只是不知道如何表達自己對爸爸的擔心，也不知道該如何開口跟爸爸說。

「我也不怕，因為我長大了！」孩子從角色扮演的遊戲裡，自己跳出來回答。

爸爸露出了微笑，終於說出口了，如釋重負！而孩子的那一句「因為我長大了！」更不知道帶給他多大的欣慰，他激動地不知如何接話。

「你可以做一件事，來告訴爸爸你長大了！」我跟孩子說，這一份家庭作業可以讓爸爸放心。完成不會只有一次，但此時，可以用來當作他長大了的見證。

道別不會斷裂，
而是種下另一個希望，
當我離開後，你依然安好。

ᚷ

　　隔天，孩子親手做了吐司夾蛋拿來給爸爸吃，用行動表示他可以照顧好自己！

　　「我把那份焦黑的吐司夾蛋吃完了，真的很難吃！」爸爸笑著，帶著滿是驕傲的語氣，向我訴說著。

　　愛，萌芽於日常生活之中，不斷深根且茁壯。道別不會斷裂，而是種下另一個希望──當我離開後，你依然安好。

跟孩子告知壞消息，一直是重症家庭裡困難面對的議題。

家長可能認為不去談論或者隱瞞實情，是對孩子的一種保護，但其實孩子是能感受到當中不尋常的氛圍。

學會
在告別裡
擁抱自己

在談論死亡訊息時，可以試著以平和的方式說明：「他生很嚴重的病，離開我們，我們很難過，也會想念他⋯⋯。」讓孩子瞭解事實，也感受事件帶來的真實情緒反應。

但是建議不要使用像「睡著了」、「去當小天使」、「去旅行」等語句來形容，避免孩子有被遺棄或因衍生的想像，而產生生活適應的困擾。

02 她是我心頭的一塊肉啊！

> 不願真正面對告別的時刻，
> 因為一旦開口，便是永別。

告別，從來不是簡單的說再見，若不是身處其境的人，又如何能體會當中諱莫如深的煎熬？

在生死的場域裡，無人能抵抗死亡催促的腳步，於是在慌亂和焦躁之下，很多人以為給了祝福，說了再見，就能讓人跨過了心頭的不捨、揮斷心中的牽掛。

♂

阿英姐來住院時，知道自己狀況很不好了，心裡清楚這應該是自己最後一次來住院。她沒打算讓媽媽知道，擔

告別，從來不是簡單的說再見，
若不是身處其境的人，
又如何能體會當中諱莫如深的煎熬？

心媽媽承受不住，或許真正怕的是自己無法面對與媽媽的告別。

只是，當阿英姐一直停留在彌留的階段時，家屬還是決定讓阿英姐的媽媽來見女兒最後一面。

那是颱風夜前夕，風吹得病房門窗嘎嘎作響，年邁的奶奶柱著枴杖，急切地走到病床邊，不捨地聲聲喚著：「阿英，妳要好起來呀！媽媽等妳！」眼淚就像大雨直落而下，圍繞在旁的眾人則不斷地勸說：「奶奶，妳要祝福她，跟她說——要好走、要放下。」但奶奶搖著頭，她只是焦慮地想喚回自己的寶貝女兒。

奶奶不是不懂大家說的意思，只是她不願真正面對告別時刻，因為那是母女幾十年相連的情愫，一旦開口，便是永別。

在大家不斷勸著奶奶跟阿英姐道別下，奶奶抬起頭，指著自己的胸口說：「她是我心頭的一塊肉啊！」眾人於是靜默了……。

白髮人送黑髮人的牽絆，總是最難割捨。

過往翻湧而上，不啻是一場內心的暴風雨，奶奶心情的苦澀、不捨，看著受苦的女兒，寧願自己能代為受苦；她的眼光中，你讀得到那份深刻的哀傷，是真真切切地存在著。

db

「我們不要去跟阿英姐說再見，去跟她說：妳愛她！好嗎？」道別的珍貴是因為當中的愛。

奶奶彷彿想起了什麼，立刻拿起了拐杖，叩叩叩地走到了病床旁邊，毫不遲疑地開口便說：「阿英，妳放心走吧！」眾人對奶奶這突如其來的轉變反而顯得困惑。

但你若站在奶奶的立場來看，便不難理解奶奶為何有如此的轉變。一開始的不捨是因為母女情深，所以奶奶不願意道別；而當奶奶對阿英姐的愛被讀到，那句「跟她說妳愛她」，就彷彿開啟了奶奶為母則強的勇氣。

道別的珍貴，
是因為當中的愛。

在至痛的告別裡，
愛就像一張密密織就的網，
把人安穩地接住。
道別，不是說再見，
而是展現愛的無盡。

　　因為無私的愛，奶奶挺身承擔身為白髮人送別的失落、哀傷，縈繞心頭，同時堅強地面對臨終告別時的撕裂。對奶奶而言，母女之間，一直是彼此的一部分，在至痛的告別裡，愛就像是一張密密織就的網，可以把人安穩地接住。道別，不是說再見，而是展現愛的無盡，進而感受到彼此內心那份深刻的理解、體貼和祝福。

傳統的習俗總說，白髮人送黑髮人的告別現場，長輩要迴避，或許是因為清楚當事人的難分難捨，體貼長者無法直視不可逆的事實，所以讓長者留在家中，從體貼的角度來解讀，大概以為不去完成那一段喪禮的送行，就能少一分的痛。

也可能是因為一般人不知道如何安慰白髮人過度的哀傷，而演變出的習俗。

只是如此，卻是將眾人接不住的悲傷情緒轉化成讓白髮人獨自在背地裡承擔的喪子之痛。或許在遵循習俗禮儀下，也可讓出一些彈性，讓那份親情流轉。

03 叫爸爸，他就不會走了？

> 分秒必爭病房，上演與死神拔河的場景，
> 近在眉睫的告別，一步步逼近……。

阿龍是家中的獨子，聰明、優秀、孝順，卻在前途一片大好時，被診斷出癌症末期。一切都來得太快，打破了原本的幸福生活。

病床上的他已處於彌留狀態，夾雜著喟嘆式呼吸，用盡所有的意志力，努力想睜著眼，似乎怕一旦鬆懈了，也就與這世界，與他牽掛的家人永別了。

ơb

「咱怎麼這麼歹命啊！」奶奶喃喃自語，是在說自己

他用盡所有的意志力，
努力睜著眼，似乎怕一旦鬆懈了，
就與這世界、與他牽掛的家人永別了。

的坎坷，似乎在哭訴，或是在呼求上天的憐憫。突然，她像是想起了什麼，叫著孫子：「快，快叫你爸爸，不要讓他睡著了。」

「爸爸加油，爸爸不要睡著……。」童稚的姊弟順著奶奶給的指令，奮力地喊著。

「快，湯藥來了，趕快讓他喝下。」親友即時送來湯藥，奶奶連忙端著，用手扶著病人，一口又一口的用湯匙灌進病人的嘴，明明每一口都從嘴角溢出，但奶奶還是勸說般地對著阿龍說：「快喝，喝下了才有希望！」

「大聲點叫爸爸，不要讓他睡著了！」奶奶害怕一不留神，兒子就會被死神帶走，她得用盡所有的可能，來幫兒子留住生命。

一旁阿龍的太太則是獨自掩面啜泣，她不知道一旦先生走了，怎麼扛下這一家子的未來？

此刻，空氣裡充斥著慌亂及恐懼，奮力地與死神拔河，而迫在眉睫的告別，正一步步逼近。

人生旅途始終要面對一次次的分離，
但總會有另一個出口，
帶我們找回生命自己的解答。

我先牽起太太的手，把她帶到床邊，讓她握著先生的手，不用說話，就這麼握著。接著把姊弟倆帶到媽媽的身邊，對他們說：「我們輕輕地叫著爸爸就好，他都聽得到。」

　　沒有了急切的叫喚聲，轉而是孩子的哭泣，此刻，需要幫孩子的心裡騰出一個空間和悲傷相處。

　　病房的節奏頓時慢了下來，剩下奶奶仍然催促著阿龍喝湯藥。

　　我繞到病床的另一端，輕輕地請奶奶看一看她的媳婦和孫子們，她抬頭看著他們時，明白是到告別的時候了，奶奶的眼淚奪眶而出。

　　「他出生後不久，我先生就意外走了，我一個人帶著他，他是很孝順的孩子……。」眼前的這一幕，讓奶奶回憶起當年喪夫的悲傷往事，不堪回首的經歷，如今將再次在媳婦身上重演。

　　「我們送大哥一份祝福，讓他安心吧！」我跟奶奶說著，而她沒有答腔。我知道讓白髮人送黑髮人是多麼難以

割捨，這當中不只是死別的傷慟，還有一路以來含莘如苦的養育辛勞，以及寄託在未來的希望，全都將灰飛煙滅。

♉

「以後要怎麼讓孩子記得爸爸？」過了一會，奶奶緩緩地抬頭問我。

我對這突如其來的問題，困惑地愣了一下。

「我希望孩子長大後記得的父親，不單單只剩生病，有什麼能讓他的走，不要這麼單薄？」奶奶接著說：「我經歷過單親撫育的歷程，在孩子成長的過程中，有一次阿龍問起他爸爸是怎麼過世的時候，我竟一時語塞，因為我不想只用輕如鴻毛的『車禍意外』，作為他生命裡缺席了父親的理由。」

「他簽過器捐卡，生病之後簽的！」太太好像想到了什麼，趕緊拿出病人的健保卡，那是阿龍曾經的安排。

「癌症病人如果經過評估，可以在往生後捐贈眼角

死別不是要「放手」，
而是找到生命的價值，
讓存在的意義延續。

膜。也許大哥想用另一種形式來看著孩子長大吧！」我望著太太和奶奶，讀著她們眼裡從哀傷轉換成的堅毅與希望。

做下的捐贈決策，讓孩子對爸爸的記憶，不只是停留在病痛日子裡，而是希望能用更有意義的方式，讓孩子們記得自己的爸爸！

這樣的想法，彷彿也在修補奶奶自己過往的遺憾。

「阿龍，你要庇祐小孩平安長大！」確認阿龍往生後可以捐贈眼角膜之後，不同於稍早的慌亂，此時奶奶的手不再是捧著湯碗，而是握著兒子的手。太太則對他說：「你的心願可以完成了，你就放心地離開……。」小孩則壓抑的哭著，在送別時刻裡，學習承接不屬於這年紀該經歷的哀痛情緒。

這一刻，儘管悲痛，但平靜莊嚴。

分離的當下充斥困惑與痛苦，家屬難過的情緒往往夾雜著不捨、恐懼，面對未來感到迷惘、困惑，難過的是如何讓這一切不要發生，但死亡的腳步始終無法阻擋。

善終強調的是生者心安、死者靈安，當生者無法心安時，死者也無法平靜放心的離去。死別不是要「放手」，而是找到生命的價值，讓存在的意義延續。

人生的旅途，始終要面對一次次的分離，但總會有另一個出口，帶我們找回生命自己的解答，不執著過去，珍惜有所依託的未來。

學會
在告別裡
擁抱自己

04 再見了，多多！

> 這一次，就換自己來陪多多，
> 讓牠安心在身邊
> 度過最後時光。

　　抱著剛打完點滴的多多，牠安靜地躺在安好的懷裡。

　　「多多的不吃不喝是因為老了，16 歲在狗狗的年齡來說是『狗瑞』了，妳把牠照顧得很好，但牠的時間到了，必要的時候，可以選擇安樂死，讓牠不必承受太多的痛苦。」等安好一個人坐回車上，腦子裡不斷地想著，剛才獸醫跟她說的話。

　　❧

　　「安樂死」這個名詞，對安好而言像是禁忌般，即便

周遭不少人曾提到幫自己的毛小孩最後選擇安樂死，但她總是避開這樣的討論。

安妤知道多多的壽命限制，但她心裡想的是，當那一天來臨時，她想不離不棄地陪牠到最後一刻。所以，當從獸醫口中說出「安樂死」的選項時，她愣了一下，不知道該如何接住，心裡則是有個聲音在說：「終究是逃避不了，這個課題還是輪到自己了。」

如果不讓多多安樂死，那會讓牠因此承受不必要的痛苦嗎？不要安樂死，那陪伴牠的最後一程，她會遇到什麼狀況，她又有能力處理嗎？

「多多，姐姐會陪妳，乖哦！」安妤一邊順著多多的毛撫摸，一邊安撫著多多。

但她的心裡是充滿掙扎與不安的，因為除了陪伴之外，她不知道還能幫多多做什麼？可是，她覺得多多會喜歡在家裡，有家人陪著吧！雖然生老病死是每一種生命必經的路程，但是這一刻終要來臨時，她並未做好心理準備。

雖然生老病死，
是每一隻動物必經的路程，
但是這一刻終要來臨時，
很多人往往並未做好心理準備。

「多多，你要幫姐姐哦！」安好相信以多多的靈性會體貼地帶領著她，走過這段最困難的時刻。

ぁ

領養多多的過程，對安好而言算是因禍得福，那時她還在唸幼稚園，因為腸病毒而住院，爸爸為了讓她能乖乖的打針吃藥，便跟她約定，等她出院後可以養寵物。

出院後，第一次到認養浪浪的攤位時，明明安好期待養狗很久了，但當她把每隻浪浪都端詳過，甚至撫摸、擁抱之後，卻還是猶豫。

爸爸還以為她改變念頭了，第一週認養行動失敗，第二個週末安好沒有忘記，繼續拉著爸爸再去找認領浪浪的攤位。

爸爸問安好：「想要什麼樣的狗狗？」安好也說不上來，但她就是堅持要爸爸陪她去看狗狗。

多多第一次遇到安好時，是被其他狗推擠在籠子的邊

角，剛好安好那時的個子小，蹲下時便碰巧面對著多多。
當她伸手出去時，多多便舔著安好的手，接著瞇著眼，乖
乖地讓人摸著。

在徵得現場志工的同意後，爸爸抱起多多，不同於其
他狗狗會興奮地在懷裡翻動，多多倒像熟悉老朋友似的，
很安靜地任由爸爸將牠放到早已乖乖坐著等待的安好腿
上，他們就這樣靜靜的一拍即合。

🐾

多多屬於安靜的毛小孩，大多時候靜靜地在自己的小
窩睡覺。

但每當安好放學回家，還沒進家門，多多便能感知似
地守在門口，等安好一進門，牠便用力地搖著尾巴，繞著
安好轉圈。

安好小時候會依照爸爸媽媽的規定，一定要等坐到沙
發上才能抱多多，而多多也聰明地懂了這個規矩，會在迎
接安好之後，迅速跳上沙發等待她，似乎已成了他們之間

面對寵物的離逝，
是我們必須經驗的課題。

的默契。

多多早已是家裡的一份子，大家經歷了多多的視力變差、行動變慢，而老邁的多多開始因腸道無法控制，以致在睡眠時也大小便，這些都不時提醒家人，多多已經老了的事實。

動物是基於身體的老化及不適來經驗死亡的，身體的不適會讓牠們易怒而低哮，安好要接受這些改變，雖然不捨，但她必須保持冷靜，勇敢面對接下來將會發生的一切。

♍

帶著多多回到家，幫多多鋪好臥墊，小心翼翼地把牠放好，安好打開了多多最愛的肉罐頭，挖了一點在指尖上，放到了多多的嘴邊。

她想再試一次，滿心期待多多能像往常一樣，即便視力退化，也能靠著嗅覺找到食物，迫不及待地舔著。只是多多還是不願意進食，牠是真的想休息了。

安好隱隱地覺得，或許多多在等著她的告別。

「多多，姐姐知道你想休息了！謝謝你這麼長的時間陪著我們，姐姐和爸爸、媽媽都好愛你，所以如果你因為捨不得我們而撐著，我們也會捨不得……。所以，多多……，姐姐不希望你再痛了，你留給我們這麼多的美好，姐姐會把它們都好好記得，姐姐不吵你了，姐姐會陪著你……，再見了，乖多多，我最棒的多多。」

安好一口氣講完跟多多的告別，她極力保持堅強的口氣，來當多多最後的後盾。

她只是想著，每次如果自己心情不好，多多總好像懂她似地，會靜靜靠近她，這一次就換她來陪多多，讓牠安心在身邊度過最後時光。

不知道還能用什麼方式來安撫多多，安好一邊輕輕地撫摸著多多，一邊輕哼著搖籃曲，正如同小時候，她喜歡把多多當成小 BABY 的遊戲般，哄著牠入睡。

「快快睡，我寶貝，窗外天已黑，小鳥回巢去，太陽

最瞭解牠的，
就是照顧著牠的你，
最能讓牠在無助時，
感受安全及愛的，也是你。

也入睡……。」眼淚靜靜地落下，安好默默擦掉淚水，不
驚擾多多的休息。

即使情緒已在崩潰邊緣，但她撫慰多多已然緊閉的雙
眼，告訴牠安心離開，讓多多無憂無慮地踏上下一階段的
彩虹橋。

學會
在告別裡
擁抱自己

　　「毛小孩」就像我們的家人般，牠和我們生活在一起，給我們沒有保留的情感支持，牠不會記仇，卻永遠懂得我們對牠的好。

　　然而，「毛小孩」的壽命會比我們短，因此，面對寵物的離逝便是我們必須經驗的課題。在牠們臨終階段，我們往往只能用觀察及揣測的方式，來得知牠們的感受，無法和牠們用對話來互動的限制，常導致我們難以去經驗完整的告別。

其實，最瞭解牠的，就是照顧著牠的你，最能讓牠在無助時感受安全及愛的，也是你。

　　即便如此，要和心愛的「毛小孩」告別，依然是最撕裂的痛。

　　用心照顧，好好陪伴牠走到終點，便是回饋牠這一生忠心的陪伴，這些無數美好的回憶，正是牠帶給我們最好的禮物。

05 老房子

午後時光，老房子裡有種沉靜的氣息，
一切都是靜止的，
除了回憶繼續前進。

打開門，一種熟悉的的感覺翻湧而上，客廳裡那座老沙發，靜靜地座落在那裡，茶几上擺放著文秀自己高中時的水彩畫，當年老爸開玩笑說那盤水果畫得真像，拿來擺著可省了買水果的錢，後來還真的煞有其事地拿去裱了框。

雖是玩笑話，但花了她一學期完成的畫作，被老爸這麼讚賞，的確讓她的努力得到了不少安慰。

午後的時光，老房子裡有種沉靜的氣息，偶爾隱約傳來不知哪家在裝修的電鑽「答答答」聲，此外，一切都是

靜止的，除了回憶繼續前進。

db

　　客廳的櫥櫃還擺著當年流行歌曲的卡帶，劉德華、張學友、小虎隊……，而一旁的小書桌，曾經陪著文秀走過當年一邊準備聯考，一邊抗拒著八點檔連續劇的時光，小書桌的左上角還貼著一張已磨損褪色的貼紙。

　　那是當年流行的偶像貼紙，那時文秀認真收集了一堆，選了自己覺得最帥的一張貼在書桌上，覺得這樣貼在書桌上，像被偶像看著的感覺，更有讀書的動力。

　　媽媽則說那樣讀書會分心，為此文秀還跟媽賭上自己的段考成績排名，後來那次段考成績如何也忘了，但偶像倒是換過幾位，只是最初貼上的貼紙就這麼留著。

　　此刻，文秀笑自己當年追星追得頗像一回事的認真，但跟現今的年輕人比起來，倒顯得含蓄了！

　　小書桌在文秀離家求學後，變成了媽媽學拼布的工

當年追星追得頗像一回事，
跟現今的年輕人比起來，
倒顯得含蓄了！

作桌，那張偶像照則變成了另一種見證兒女成長的象徵符號，繼續陪著媽媽。

♊

走進廚房，原本擺放碗盤的架子空著，桌面還特地用舊報紙蓋著防塵，這看來就是老媽的作風。

文秀瞄了一下報紙上的日期是 106 年 11 月 25 日。106 年，那是父親過世的隔年。

當年父親原本只是入院做個小手術，誰能想到竟引發嚴重的併發症，前後不到兩個月，父親便離世，親友安慰著說那是老爸對家人的疼惜，捨不得拖著病體讓大家忙亂。

當時這理由似乎也成了一種老爸對家人呵護的連結與慰籍。老爸過世後，兄妹倆不放心讓母親一人獨居，最後由大哥說服了媽媽，答應搬去同住，而「家」至此則成了「房子」，只在特定的節日裡，成為大家團聚的地方。

ᚣ

回憶在此刻停了下來，文秀重新環顧著房子，斑駁的牆角、傳統的日光燈，還有磨石子的地板，真的是老房子了，文秀心底發出了感嘆。臨走前帶走了茶几上的那幅水果水彩畫，歷經歲月，裡頭的水果已經失去當年飽滿鮮豔的色彩，卻彷彿是帶著文秀進入回憶的水晶球，看到的不僅是當年自己的認真，還有著老爸的疼愛，以及一家人相聚的點點滴滴。

「我今天回老家看了一眼，它真的是老房子了，想到它要被賣掉還真捨不得。」文秀在晚上大伙兒聚餐時說著。

「沒人住的房子屋況會變差，房子空著也可惜，轉手前就去多拍幾張照片留念吧。」哥哥倒是瀟脫，這點遺傳了媽媽，而文秀的個性則是和爸爸較像，感情細膩又念舊。

「這組買家夫妻兩人客客氣氣的，一對兒女目前唸高中、大學了，房子由他們接手，應該會照顧好的。」媽媽說著自己決定讓房子成交，不單單是價格，還考量了對方

房子自己會找主人，
也會庇佑住在裡面的人。

的「家風」，只差沒給人家做身世清白的調查。

ф

　　春節前，文秀請了一天假，特地回老家附近的市場買
預定的臘肉香腸，這味道是換了別家也做不出的家鄉味。

　　另一方面，文秀也想順道再繞去看看老家的樣子，總
是曾經住過的地方，雖然換了新主人，但是心中仍然懸念。

　　車子繞進巷子，文秀在巷口把車子停下，走近老家，
看著原本的拉門改裝成新式的雕花鐵門，外牆還掛了個木
質信箱，抬頭看到二樓陽台則種了幾盆吊蘭，看得出主人
對房子的照顧和講究，這讓文秀原本惦掛的心情一掃而空。

　　鄰居高齡 90 歲的阿雀姨剛好散步回來，看到文秀，
高興地拉著她的手，問候著其他家人是否安好。

　　阿雀姨猜到文秀是念著老家才回來的，也跟她聊著老
房子重新整修後煥然一新，帶動著現在巷子裡好幾戶人家
也想跟著整修他們的房子了呢！聊著聊著，順道也讚賞著

新主人一家的客氣，還說房子自己會找主人，也會庇佑著
住在裡面的人。

♋

　　臨走前，文秀再望一眼，心裡油然升起對這間老房子
的感念，感謝它陪著自己長大，感謝它承接著家裡一路以
來的風風雨雨，它是間好房子，也感謝新主人把它照顧得
好好的……。開著車回家的路上，文秀不知不覺哼起了童
年時那首《甜密的家庭》——我的家庭真可愛，整潔美滿
又安康……。

很多人遇到在搬家或賣掉房子時，心中會升起滿滿的回憶，過去與家人的互動以及自己成長的印記等等，難免會有不捨或者面對離開的失落，不知道該如何放置對於舊屋的回憶。

幾個方法能幫忙整理這樣的心情，例如：拍照留念、與家人一起聊聊過往的回憶，或著帶走小物件等，都是不錯的方式。

而在搬離之後，找機會再回去一次，也許和新主人或老鄰居敘舊一番，也是不留遺憾的告別方式。

學會
在告別裡
擁抱自己

國家圖書館出版品預行編目 (CIP) 資料

每一個告別都珍貴 / 蔡惠芳作. -- 第一版. -- 臺北市：
博思智庫股份有限公司, 2024.04 面 ; 公分
ISBN 978-626-98034-7-7(平裝)

1.CST: 人生哲學 2.CST: 人生觀

191.9   113003542

美好生活　47

每一個告別都珍貴

作　　　者｜蔡惠芳
插　　　畫｜賈舒叡
主　　　編｜吳翔逸
執 行 編 輯｜陳映羽
資 料 協 力｜陳瑞玲
美 術 主 任｜蔡雅芬
媒 體 總 監｜黃怡凡

發 行 人｜黃輝煌
社　　　長｜蕭艷秋
財 務 顧 問｜蕭聰傑
出 版 者｜博思智庫股份有限公司
地　　　址｜104 台北市中山區松江路 206 號 14 樓之 4
電　　　話｜(02) 25623277
傳　　　真｜(02) 25632892

總 代 理｜聯合發行股份有限公司
電　　　話｜(02)29178022
傳　　　真｜(02)29156275

印　　　製｜永光彩色印刷股份有限公司
定　　　價｜350 元
第一版第一刷　西元 2024 年 4 月

ISBN 978-626-98034-7-7
© 2024 Broad Think Tank Print in Taiwan

博思智庫股份有限公司

博思智庫粉絲團　Facebook.com/broadthinktank